BEI GRIN MACHT SICH IHR WISSEN BEZAHLT

AF148965

- Wir veröffentlichen Ihre Hausarbeit,
  Bachelor- und Masterarbeit

- Ihr eigenes eBook und Buch -
  weltweit in allen wichtigen Shops

- Verdienen Sie an jedem Verkauf

Jetzt bei www.GRIN.com hochladen
und kostenlos publizieren

Maximilian Stangier

Professionalisierung des Human Ressource Managements

GRIN Verlag

Bibliografische Information der Deutschen Nationalbibliothek:

Die Deutsche Bibliothek verzeichnet diese Publikation in der Deutschen National-
bibliografie; detaillierte bibliografische Daten sind im Internet über http://dnb.d-
nb.de/ abrufbar.

Impressum:

Copyright © 2010 GRIN Verlag GmbH
Druck und Bindung: Books on Demand GmbH, Norderstedt Germany
ISBN: 978-3-640-82895-1

Dieses Buch bei GRIN:

http://www.grin.com/de/e-book/166622/professionalisierung-des-human-ressource-
managements

„Professionalisierung des Human Ressource Managements"

Ausarbeitung

Seminar: „Management of Human Ressources II"

Modul: „GS 09005 Management der Human Ressoures"

Autor:

Maximilian Stangier

2010

Inhalt

1. Einleitung und Problemstellung

Vor dem Hintergrund eines verschärften Wettbewerbs, stellt sich modernen Unternehmen zunehmend die Frage, was sie eigentlich erfolgreich macht. Meist sind es die angebotenen Innovativen, bewährte Produkte, besondere Dienstleistungen oder gut organisierte Leistungserstellungsprozesse. Auch das umsichtige Umgehen und die auf Nachhaltigkeit angelegte Nutzung der vorhandenen Ressourcen, sowie der markt- und kundenorientierte Vertrieb von Produkten und Dienstleistungen tragen zum Unternehmenserfolg bei (vgl. Fleig, Böhm 2005, S.9).

Viele, mal mehr, mal weniger wissenschaftliche Konzepte befassen sich mit der Effizienz und dem Erfolg von Unternehmungen und haben von jeher das Management in Unternehmungen beeinflusst. Darüber hinaus wird allerdings gerade heutzutage, im global konvergierenden, modernen, von Markt- und Technologiedynamik bestimmten Wettbewerb, nach neuen Effektivitäts- und Effizienzpotentialen gesucht, die Angesichts eines gewachsenen ökonomischen Problemdrucks die Möglichkeit zur Erwirtschaftung einer dauerhaften Kostensenkung aber auch eines Konkurrenzvorteils verschafft (vgl. Conrad 2004, S.6).

Eine wesentliche Rolle spielt hierbei die Suche nach neuen konzeptionellen und instrumentellen Antworten für den Einsatz und die Organisation der menschlichen Arbeitsleistung. Dies rekurriert im Wesentlichen auf die Erkenntnis, das zur schnellen Anpassung an Herausforderungen in einem sich ständig verändernden Umfeld erst kompetentes, leistungsfähiges und –bereites sowie passend distribuiertes Personal die erforderliche Flexibilität am Markt bringt (vgl. DGFP 2005, S.13). Die Ressource Mensch ist dabei grundlegendes Erfolgspotential, unerheblich ob es um gesellschaftlichen Wertewandel, Herausforderungen der Globalisierung, Chancen und Risiken neuer Technologien, der Umgang mit demografischen und bildungspolitischen Entwicklungen oder das Bewältigen einer zunehmende deregulierten, dynamischen Wettbewerbssituation geht (vgl. DGFP 2005, S.13). Dieser Erkenntnis nachgelagert fokussiert eine Diskussion um die Erschließung neuer Potentiale in Unternehmungen auf den Leistungen derjenigen, deren Hauptaufgabe die Personalarbeit ist. Dabei soll das Personalmanagement eines Unternehmens Lösungspotential zur Überwindung sowohl von Alltagsproblemen als auch in genereller Weise, in Form strategischer Konzepte, anbieten, die vom Grundsatz her bei der Verfolgung unternehmerischer Ziele in Verbindung mit dem Einsatz personeller Ressourcen auftreten (vgl. Wagner 2003, S.7). Das bedeutet in letzter Konsequenz, dass Personalmanagement, sofern es *professionell* betrieben wird, einen potenten Wettbewerbsvorteil liefern kann (vgl. Dilcher, Haller 2004, S.24).

Aber was bedeutet in diesem Zusammenhang professionelles Handeln? In der Näherung an die wissenschaftliche Fragstellung dieser Arbeit müssen dazu zunächst die aus wirtschaftlich pragmatischer Sicht bekannten Forderungen an das Personalmanagement betrachtet werden:

1. Es sollen genügend Mitarbeiter mit ausreichender Qualifikation und hohem Leistungspotenzial für die Unternehmensaufgaben zur Verfügung stehen.
2. Es soll verhindert werden, dass gut qualifizierte Mitarbeiter das Unternehmen verlassen.
3. Personalmanagement muss dem Unternehmen in einer Zeit des Innovations- und Qualitätswettbewerbs nachhaltige Wettbewerbsvorteile auf den Märkten verschaffen.
4. Schließlich sollen die personellen Ressourcen eines Unternehmens durch ruhige wie auch durch wirtschaftliche turbulente Zeiten gesteuert werden (vgl. Stein 2010, S.1).

Diese Forderungen ließen sich mit Sicherheit noch um weitere Perspektiven vergrößern, jedoch fasst diese Auflistung bereits in geeigneter Weise den regulären Bedeutungsspielraum der betrieblichen Personalarbeit wie er in Unternehmungen in den meisten Fällen Realität ist. Es leitet sich hieraus eine Erwartung an die Funktion aus der Zielperspektive ab und professionelles Personalmanagement ließe sich demnach daran messen, wie effektiv spezifische Personal-Instrumente und Techniken angewandt werden um der Zielstellung gerecht zu werden.

Nun ist dieser Ansatz rein funktionalistisch und verliert ein Leistungspotential aus dem Blick, das sich in Konzepten wie dem Human Resource Management finden lässt. Hier wird nicht nur das Leistungspotential betrachtet, wegen dessen der Mitarbeiter in erster Linie eingestellt wurde, es wird darüber hinaus erkannt, dass der Mitarbeiter weitere Ressourcen hat bzw. diese aus ihm heraus zu gewinnen sind, sofern dafür benötigter Raum zugestanden wird.

Die Problemstellung dieser Arbeit generiert sich nun aus dem unterschiedlichen Verständnis von Professionalisierung des Bereichs Personalarbeit auf Basis der Unterscheidung von Personalmanagement und Human Resource Management.

Eine notwendige Vorüberlegung, die den Untersuchungsrahmen der folgenden Betrachtungen genauer definiert, befasst sich mit den Personen die für das Personal in Unternehmungen zuständig sind. Grundsätzlich führt Metz (1995) schon in den 90ern dazu aus, das es prinzipiell egal ist, sofern Effizienzüberlegungen zunächst keine Rolle spielen, von wem Personalarbeit im Unternehmen ausgeführt wird. Ob Linienmanager, Geschäftsführer, Mitarbeiter oder speziell für die Aufgaben eingestellte Personaler, die Funktion Personalarbeit als solche ändert sich, gemäß eines funktionalistischen Erklärungsansatzes, nicht (vgl. Metz 1995, S.15). Dies führt zu einer notwendigen Unterscheidung auf der Akteur Ebene: Möglichkeit a) Personalmanagement wird nicht professionell oder Möglichkeit b) Personalmanagement wird professionell betrieben, wobei die Kennzeichnung „professionell" nicht gut oder schlecht bedeutet, Betrachtungsebene ist hier die Funktion als Profession im soziologischen Sinne worauf im Folgenden ebenfalls weiter eingegangen werden soll. In dieser Arbeit soll auf die unterschiedlichen Akteure und deren Leistungsvermögen nicht speziell weiter eingegangen werden.

Die sich aus den bis hierher gemachten Überlegungen ableitende Forschungsfrage ist zunächst deskriptiv: „Was kennzeichnet Professionalisierung in Bezug auf Personalarbeit?" und soll in der Betrachtung des Diskurses die Frage beantworten, ob sich in der Professionalisierungsdebatte eine besondere Position für das Human Resources Management ausmachen lässt.

Vom Aufbau her werden dazu zunächst die beiden Termini Personalmanagement und Human Resource Management gegeneinander abgewogen werden. Es folgt eine Betrachtung der Profession aus soziologischer Perspektive hin zu einer Betrachtung des Diskurses zur Professionalisierung der Personalarbeit. Die Untersuchung unterschiedlicher Perspektiven auf Personalarbeit als Profession erlaubt im Anschluss in einem Fazit die Beantwortung der untersuchungsleitenden Frage.

2. Abgrenzung und Begriffsbestimmung Personalmanagement und Human Ressources Management

Ausgangspunkt einer Betrachtung könnte die historische Entwicklung des betrieblichen und unternehmerischen Anwendungsbereiches der Personalarbeit sein. Sie gibt unterschiedliche Phasen vor, die durch spezifische Arbeitsschwerpunkte eine bestimmte Bezeichnung ermöglicht. Bis ca. 1960 war Personalarbeit in erster Linie Verwaltungs- und Administrationsarbeit, es folgte bis ca. 1980 eine zunehmende Anerkennung und auch Legitimation sowie Implementierung moderner Konzepte und Instrumente in den größeren Unternehmungen (vgl. Conrad 2004, S.5). Seit 1990 schließlich ist eine stetig zunehmende Restrukturierung und Differenzierung der Konzepte erkennbar, nicht zuletzt durch die Konjunktur des Human Resources Managements, das bereits Ende der 80er, zunächst noch behutsam, eine neue Perspektive auf Personal propagiert (vgl. Storey 1995, S.3).

In Literatur und Praxis gibt es nun eine Unmenge verschiedener Termini, welche die betriebliche Funktion von Personalarbeit bezeichnen. Sowohl in Praxis als auch Theorie finden Begriffe wie Personalwesen, Personalwirtschaft, Personalmanagement, Personalpolitik, Personalverwaltung, Personalführung und nicht zuletzt das Human Resource Management unterschiedliche Anhänger was auf zum Teil unterschiedliche Zuschreibungen und Inhalte zurückzuführen ist (vgl. Stippler, Burger 2007, S.4).

Der Kürze der Ausarbeitung wegen sollen an dieser Stelle nur Personalmanagement und das Human Resource Management gegenübergestellt werden.

Zur Differenzierung gibt es unterschiedliche Meinungen bzw. eine bestimmte Praxis innerhalb von Personal-Literatur. Eine gute Orientierung bietet hierzu ein Aufsatz von Scholz, der Mitte der 90er Jahre zur zunehmenden Gleichsetzung von Human Resource Management und Personalmanagement eine Stellungnahme verfasste (vgl. Scholz 1996). Scholz (1996) konstatiert, dass sich bereits gegen Ende der 70er Jahre im amerikanischen Schrifttum eine Zweiteilung von personalwirtschaftlicher Literatur abzeichnete. Auf der einen Seite wurden unter dem Titel „Personnel" sämtliche (insgesamt als traditionell zu bezeichnende) Aufgaben der Personaladministration abgehandelt. Die Perspektive hier lag auf rechtlichen Fragestellungen, dem Umgang mit Gewerkschaften und ähnlichem (vgl. Scholz 1996, S.2). Dem gegenübergestellt etablierte sich zunehmend, auf der anderen Seite, das Human Resource Management bzw. Human Resources Management. Gegenstand des HRM ist die ganzheitlich-strategische Dimension der Personalfunktion, welche versucht, das Unternehmen mit und über seine Mitarbeiter in eine erfolgreichere Position zu bringen (vgl. Scholz 1996, S.2). In der deutschen Literatur spiegelt sich ebenfalls eine Trennung zwischen Personnel und HRM in Literatur mit unterschiedlichen Inhalten wider. So gibt es auch hier einen Bereich an Arbeiten, die sich sinngemäß wie Personnel mit z.b. eher rechtlichen Detailfragen befassen. Attribuiert werden hier Begriffe wie Personalwirtschaft, Personalpolitik, Personalwesen aber auch Personalmanagement. Eher aber ist das Personalmanagement, eine völlige Trennschärfe ist nicht gegeben, dem amerikanischen HRM inhaltlich entsprechend (vgl. Scholz 1996, S.3). Einen Gegensatz findet man also in inhaltlicher Art und Weise zwischen personalwirtschaftlicher Perspektive auf der einen (Terminus: z.B. Personalwesen) und dem Blick auf den Mitarbeiter als primäre, strategisch einzusetzende Kraft (Termini: Personalmanagement und Human Resource Management) auf der anderen Seite. Diese Sichtweise würde bei gleichen Absichten und Inhalten die Gleichsetzung bzw. synonyme Verwendung von Human Resource Management und Personalmanagement erlauben.

Eine gegenläufige Perspektive bietet Conrad (2004), der eine Notwendigkeit der Unterscheidung von Personalmanagement und Human Resource Management konstatiert. Conrad kennzeichnet dabei zunächst sowohl Personalmanagement als auch Human Resources Management mit dem Zusatz „strategisch". Als dominierend betrachtet er dabei eine bis dato derivative Orientierung, eine sich aus der Unternehmensstrategie ableitende Strategieorientierung (vgl. Conrad 2004, S.13). Gerade dies bildet ein Manko, da so die besonderen Leistungseigenschaften des Personals für die langfristige Entwicklungen einer Unternehmung leicht aus dem Blick geraten kann (vgl. Conrad 2004, S.13f). Eine qualitative Unterscheidung zwischen Personalmanagement und Human Resource Management ergibt sich für Conrad nun aus einer ähnlichen Zuteilung der Aufgaben wie sie bei Scholz (1996) zu finden ist. Der Unterschied besteht in dem durch das Attribut „strategisch" gekennzeichneten Ziel, nicht nur als quasi Dienstleister im Unternehmen Bedarfe zu decken, Bestand zu führen und ähnliche Personalwirtschaftlich-Administrative Aufgaben wahrzunehmen, sondern darüber hinaus im engen Bezug zur strategischen Absatz- und Produktionsplanung langfristige Bedarfsverschiebungen zu antizipieren und die sich hieraus ergebenden Konsequenzen für die Beschaffung von Personal zu treffen (vgl. Conrad 2004, S.14). Im Mittelpunkt des Interesses eines strategischen Personalmanagements stehen die langfristige Entwicklung der Mitarbeiterstruktur unter Einbezug potentieller Schwächen und Stärken wozu auch die substanzielle Auseinandersetzung mit dem Arbeitsmarkt gehört. Letztlich zählt auch das strategische Personalkostenmanagement zu den Aufgaben eines strategischen Personalmanagements und soll zur Steigerung der Selbststeuerungs- und Selbstmanagement-Fähigkeiten der Mitarbeiter beitragen (vgl. Conrad 2004, S.14f).

Die Betrachtung von Conrad hebt das strategische Personalmanagement an sich schon von dem von Scholz gebrauchten Inhaltsspektrum ab, interessant ist hier der Bedeutungszuwachs der mit Blick auf das Arbeitsthema bereits Hinweise für eine deutliche Professionalisierung liefert. Die Abgrenzung zum Human Resource Management besteht nun in einer perspektivischen Erweiterung, die postuliert, dass Mitarbeiter und Führungskräfte als Ressourcen betrachtet werden, die über das im strategischen Personalmanagement evaluierte und in erster Linie benötigte Leistungspotential noch weitere produktive Potenzen haben bzw. diese aus ihnen quasi „erzeugt" werden können (vgl. Conrad 2004, S.14). In Abhängigkeit von der Kompetenz der übergeordneten Führung, dem Einsatz unterschiedlichster Führungsinstrumente sowie dem betriebsspezifischen Leistungserstellungsprozess können diese ungenutzten Potentiale für das Unternehmen urbar gemacht werden. Grundlage hierfür sind hoch individuell angelegte Führungs- und Kontrollsysteme die dem Eigensinn bzw. der Eigendynamik der Mitarbeiter Raum geben ohne eine betriebliche Zielausrichtung aus den Augen zu verlieren. Der Unterschied zwischen strategischem Personalmanagement und strategischen Human Resource Management besteht in erster Linie also in erhöhter Selbststrukturierung auf organisationaler Ebene, verstärkter Selbstabstimmung auf der Gruppenebene und größerer Selbstbestimmung auf individueller Ebene was insgesamt auf stärkere und dabei spezielle Partizipationspolitik der Unternehmung hinaus läuft (vgl. Conrad 2004, S.15f).

Für die Professionalisierungsdebatte ist der Diskurs um die inhaltlichen Bedeutungsspielräume von nachgeordnetem Interesse, je spezifischer und umfassender das Aufgabenspektrum, ob es nun Personalmanagement oder Human Resource Management genannt wird, desto höher scheint auch der Grad der Professionalisierung. Von diesem Standpunkt aus, mit Blick auf die Problemstellung, bildet sich daher auch zunächst für das Human Resource Management keine Sonderstellung in der Professionalisierungsdebatte um das Ressort Personal ab.

Über die eben gemachte Feststellung hinaus, dass eine gewisse synonyme Verwendung der Begriffe HRM und Personalmanagement in Bezug zu den Inhaltsbereichen statthaft ist aber, und das ist eine an dieser Stelle zu postulierende These, die sich aus der Betrachtung der vorhergehenden Vergleiche ergibt, kann Human Resources Management, hierarchisch vom Anspruchsniveau her, dem Personalmanagement übergeordnet betrachtet werden. HRM selbst kann als eine spezialisierte, und wenn man so will, professionellere Form des Personalmanagements betrachtet werden.

3. Professionalisierung aus soziologischer Perspektive

Zunächst ist festzuhalten, dass Professionen klassische Gegenstände der Soziologischen Forschung sind und sich die Professionssoziologie als Teildisziplin der Soziologie etabliert hat (vgl. Mieg 2003, S.11). Insofern muss ein Zugang zum Diskurs zur Professionalisierung des Personalmanagements, zumindest in Ansätzen, ein Grundverständnis des Begriffs der Profession aus soziologischer Perspektive beleuchten.

Die Professionssoziologie unterscheidet generell die anglo-amerikanische Situation von der kontinentaleuropäischen Situation, im besonderen Maße Deutschland und Frankreich wegen der unterschiedlichen Grade an Autonomie in puncto Ausbildung und Zugang zu Professionsbereichen (vgl. Mieg 2003, S.13f). Es soll hier nur das deutsche Professionsverständnis näher betrachtet werden.

Zum Professionsverständnis tragen unterschiedlichste Theorierichtungen bei, die in ihrer Rezeption an dieser Stelle nicht wiedergegeben werden können. Perspektiven auf Profession bieten dabei Ansätze des Funktionalismus, machttheoretischer Ansätze oder auch der Systemtheorie (vgl. Mieg 2003, S.29ff). Eine Zusammenführung der Bereiche, die eine Definition von Profession erlauben würde, ist kaum machbar, allerdings erlaubt die Fassung charakteristischer Rahmenbedingungen den Bereich potentieller Professionen einzugrenzen. In diesem Fall ist dann die Rede nicht von einer Definition von Profession sondern von Bedingungen. Hierzu zählen nach Mieg (2003):

1) Das Vorhandensein eines gesellschaftlich relevanten Problembereiches der einen zugehörigen Bereich an Handlungs- und Erklärungswissen aufweist – in der Medizin handelt es sich beispielsweise um die Erklärung und Behandlung körperlicher Erkrankungen des Menschen (vgl. Mieg 2003, S.15).

2) Der Bezug zu einem gesellschaftlichen Zentralwert muss gegeben sein. D.h. nicht die hochgradige Spezialisierung macht eine Profession aus, sondern eine gesellschaftlich ausreichend große Anerkennung – bei manchen Professionen ist dieser Zentralwert offensichtlich wie z.B. bei der medizinischen Profession, deren gesellschaftlicher Zentralwert die Gesundheit ist. Hier lässt sich, im Gegensatz zu einem Bereich wie dem noch zu betrachtenden Personalmanagement, eine ganze Reihe von Maßnahmen gesellschaftlich rechtfertigen und ein Bezug zum Zentralwert herstellen (vgl. Mieg 2003, S.15f).

3) Gerade für Deutschland zutreffend mit einem System zulassungsbeschränkter Berufe gilt für Professionen, das eine weitgehend akademisierte Ausbildung vorhanden sein sollte - bei etablierten Professionen wie den Ärzten oder Anwälten ist eine universitäre Ausbildung verpflichtende Voraussetzung. Grund ist, das ein akademisches Studium, im Gegensatz zu eher handlungsorientierten Ausbildungen, abstraktes Wissen zur Verfügung stellt, das eine wesentlich längere Halbwertzeit hat als spezialisiertes Verfahrenswissen – ein Großteil der medizinisch gebräuchlichen Begriffe wurde bereits im 17. Jahrhundert geprägt und ist heute noch gebräuchlich, speziali-

sierte Verfahrensweisen werden aus diesem Zeitraum heute allerdings nicht mehr gebraucht. Um langfristig einen spezifischen Wissens- und Problembereich zu besetzen bedarf eine Profession also einer solchen akademischen Wissensbasis (vgl. Mieg 2003, S.16).

4) Als letzter Bereich, der eine Profession markiert gilt die Bildung eines Berufsverbandes bzw. einer berufsständischen Vertretung. Um wirtschaftsregulierend aufzutreten brauchen Berufsgruppen eine Organisation die in zunftähnlicher Weise ihre Profession vertreten. Hierin spiegelt sich auch das Bestreben wider, ein Monopol für einen bestimmten Dienstleistungsbereich zu erlangen (vgl. Mieg 2003, S.16f).

Mit diesen Bereichen ist ein grundsätzlicher Bedeutungsraum der Profession abgesteckt ohne als abschließende Definition zu gelten. Es soll nun die Entwicklung des Personalmanagements unter den Gesichtspunkten der Professionalisierung betrachtet werden. Dabei wird auf die eben vorgestellten Eckpunkte zurückgegriffen werden.

4. Professionalisierung der Personalarbeit

Unter Professionalisierung der Personalarbeit wird zunächst, ganz im Allgemeinen und vor allem aus der Perspektive des eigenen Ressorts, eine Qualitäts- und vor allem Leistungsverbesserung der Personalarbeit im Zusammenhang mit der Entwicklung einer entsprechenden mentalen Konstruktion dessen, was als „professionelle Personalarbeit" gelten soll, verstanden (vgl. Stein 2009, S.951). Als gesellschaftlich relevanter Problembereich wird dabei das Feld der Personalarbeit seit den 1960er Jahren systematisch herangezogen, die einzelnen Tätigkeiten der Personalarbeit sind hinreichend definiert, mit Erklärungsmodellen hinterlegt und sollen an dieser Stelle nicht repliziert werden (vgl. Stein 2009, S.952). Festzuhalten bleibt, dass Personalarbeit, in welcher Form auch immer sie durchgeführt wird, obligatorisch für den Unternehmenserfolg ist (vgl. Dilcher, Haller 2004, S.24). Gäbe es keine Instanz die sich um das Personal kümmern würde, könnte eine Unternehmung nicht funktionieren. Problematisch ist die Auseinandersetzung mit der Personalarbeit und ihrem Bezug zu einem gesellschaftlichen Zentralwert. Gerade das Personalmanagement scheint dem „gesunden Menschenverstand" leicht zugänglich zu sein, was dazu führt, dass Personalaufgaben häufig, ähnlich wie andere umfassende Managementaufgaben, von Personen wahrgenommen werden, die zwar die Aufgabe nach unterschiedlichen Maßstäben gut erfüllen, aber dies nicht als auf den Fachbereich spezialisierte Fachkräfte tun (vgl. Stein 2010, S.202). Perspektivisch unten bei den kleinst-, klein- und mittelgroßen Unternehmen angefangen, findet sich hier oft kein relevanter Markt für die Wahrnehmung von Aufgaben durch Spezialisten, hier Personalern (vgl. Dilger 2010, S.210). Dort werden die entsprechenden Aufgaben von Linienvorgesetzten bzw. einfach direkt von dem für das Unternehmen Verantwortlichen selbst erledigt. In Bezug zur Professionalisierung des Personalmanagements sind daher die zu betrachtenden Spielräume in Betrieben diejenigen, mit einer Möglichkeit zur sinnvollen Spezialisierung, in denen die Einsetzung einer speziellen Personalfunktion kosteneffektiv erklärbar ist. In diesen Bereichen findet sich dadurch eine Verbindung zu einem gesellschaftlichen Zentralwert, soll heißen die Personalabteilung wird anerkannt (vgl. Dilger 2010, S.209f).

Eine Anerkennung des Personalmanagements, nicht zuletzt auch durch andere Managementkomponenten die vielfach hierarchisch übergeordnet sind, wird dabei zum einen durch die professionelle Ausübung der Personalarbeit befördert aber auch durch die akademisch umfassende Ausbildung der Personalmanager selber. Im vorherigen Abschnitt beschrieben, gilt als dritter Eckpunkt für eine Profession, dass erst eine akademisierte Ausbildung abstraktes, professionelles Handeln ermöglicht. Wenn Personalmanagement unter professionellen Bedingungen zu einer strategischen Metafähigkeit des Unternehmens werden soll, dass auf Augenhöhe mit anderen Managementbereichen einen maßgeblichen Beitrag zum Unternehmenserfolg leistet, kann dies nur über eine spezifisch ausgerichtete, akademisierte Ausbildung der Personaler selbst erreicht werden. Problematisch hierbei ist für den Bereich des Personalmanagements, das es weder einen wissenschaftlichen, noch ökonomisch-pragmatischen Konsens darüber gibt, was Lehrkanon sein muss, um in der Entwicklungsoffenheit der Unternehmensumwelt betrieblichen Personalproblemen jederzeit adäquat zu begegnen (vgl. Armutat 2003, S.40ff). Zwar können Verwaltungsinstrumentarien aus betriebswirtschaftlicher Perspektive in einen relativ gesicherten Kanon gefasst und vermittelt werden, sämtliche „weichen" Personalaspekte, wie sie im Konzept des Human Resource Managements fokussiert werden, weisen einen solchen Kanon allerdings (noch) nicht auf.

Als letztes soll als Eckpunkt der soziologischen Fassung von Profession die Bildung einer berufsständischen Vertretung und die Monopolisierung des Dienstleistungsbereiches Personal betrachtet werden. Dilger (2010) konstatiert dazu, dass zwar betriebliche Personalfunktionen zunehmend professionell wahrgenommen werden, dies aber zum einen nicht immer von Personalern als darauf spezialisierte Fachkräfte geschehe und zum anderen ohne das es zur Bildung einer eigenen Profession der Personaler führen würde (vgl. Dilger 2010, S.208). Insofern sei auch keine Bildung eines Berufsverbandes im umfassenden Sinne zu erwarten. Festzustellen ist dazu, dass es seit einigen Jahren mehrere eingetragene Vereine in dem Bereich des Personalmanagements gibt (als Beispiel seien hier genannt der Bundesverband der Personalmanager – BPM, die deutsche Gesellschaft für Personalführung – DGFP oder die Vereinigung Human Resources Alliance – HR Alliance) diese aber zum größeren Teil nicht zusammenarbeiten und jeweils über nur geringe (in Relation zu den in Deutschland ansässigen Betrieben) Mitgliederzahlen verfügen (vgl. Haufe.de 2009, Erste Reaktionen auf neuen Personalmanagerverband). Eine entsprechende Entwicklung zur Monopolisierung ist damit nicht zu verzeichnen.

5. Fazit und Ausblick

Eine in der Kürze dieser Ausarbeitung nicht widerzugebende Erkenntnis zur Professionalisierung von Personalmanagement ist, dass sich das deutsche personalwirtschaftliche Schrifttum hauptsächlich auf eine idealisierte Praxis und verallgemeinerte Einzelfälle von Großunternehmen bezieht. Diese von Wächter (1995) schon Mitte der 90er gemachte Erkenntnis stellt sich auch bei der Lektüre aktueller Literatur ein (vgl. Wächter 1995, S.10). Es fehlt an einem empirischen Design, welches einen Rahmen erarbeiten würde, welcher *professionelles* Personalmanagement anhand vordefinierter Techniken misst um den Professionalisierungsgrad zu bestimmen. Anhand einer repräsentativen Stichprobe von Betrieben ließe sich dann bestimmen, wie Fortgeschritten bzw. welcher Gestalt überhaupt professionelle Personalarbeit in Unternehmungen Realität ist. Einen Ansatz zu genau dieser Vorgehensweise liefert der Personalmanagement-Professionalisierungs-Index der Deutschen Gesellschaft für Personalführung (DGFP) (vgl. dazu auch Die Deutsche Gesellschaft für Personalführung e.V. 2005). Hierauf wäre auch zu verweisen um eine notwendigerweise tiefergehende Beantwortung der Untersuchungsfrage, was Professionalisierung in Bezug auf Personalarbeit bedeutet, zu erlauben. Gerade eine empirische Aufschlüsselung der jetzt nur an der Oberfläche behandelten Themen könnte für weitergehende Untersuchungen von Aufschluss sein.

Für den zweiten Teilbereich der Forschungsfrage, ob sich in der Professionalisierungsdebatte eine besondere Position für das Human Resources Management ausmachen lässt, kann schon in der Kürze der Ausarbeitung ein bestimmter Trend nachgezeichnet werden. So scheint es, als wird im deutschen Sprachgebrauch der Begriff in den meisten Fällen synonym gebraucht und nur wenige Autoren machen sich die Mühe einer inhaltlich sauberen Trennung. Dabei ist, mit Blick auf den Professionalisierungsgrad, das Human Resource Management eigentlich als professionellere Variante, da perspektivisch größerer Betrachtungsraum, eines schon weit über Administrative Aufgaben hinausgehenden Personalmanagements zu betrachten. Weiterführend könnte untersucht werden, ob es innerhalb unterschiedlicher Human Resource Konzepte verschieden ausgeprägte Professionalisierungsgrade gibt und wie diese zu Messen wären.

6. Literaturverzeichnis

Armutat, Sascha (2003): Kompetenzentwicklung im universitären Studienfach Personal für das Berufsfeld Personalmanagement, München.

Conrad, Peter (2004): Strategisches Human Resources Management. In: Speck, Peter; Wagner, Dieter (Hrsg., 2004): Personalmanagement im Wandel – Vom Dienstleister zum Businesspartner, Wiesbaden.

Die Deutsche Gesellschaft für Personalführung e.V. (o.V., DGFP, Hrsg., 2005): PIX – der Personalmanagement-Professionalisierungs-Index der DGFP, Bielefeld.

Dilcher, Bettina; Haller, Horst (2004): Den Wert professioneller Personalarbeit entdecken. In: Personalführung: Für alle die Personalverantwortung tragen (Personalführung) 2004, Nr.6, S.24-30.

Fleig, Günther; Böhm, Hans (2005): Vorwort. In: Die Deutsche Gesellschaft für Personalführung e.V. (DGFP, Hrsg., 2005): PIX – der Personalmanagement-Professionalisierungs-Index der DGFP, Bielefeld, S.9-12.

Haufe.de (o.V., 2009): Erste Reaktionen auf neuen Personalmanager-Verband. Online im Internet: AVL: URL: <http://www.haufe.de/personal/newsDetails?newsID=1255016747.67> (Stand 2009, letzter Abruf 29.11.2010).

Metz, Thomas (1995): Status, Funktion und Organisation der Personalabteilung – Ansätze zu einer institutionellen Theorie des Personalwesens, München.

Mieg, Harald (2003): Problematik und Probleme der Professionssoziologie – Eine Einleitung. In: Mieg, Harald; Pfadenhauer, Michaela (Hrsg., 2003): Professionelle Leistung – Professional Performance – Positionen der Professionssoziologie, Konstanz, S.11-48.

Scholz, Christian (1996): Human Resource Management = Personalmanagement? Eine persönliche Stellungnahme. Online im Internet: AVL: URL: <http://www.orga.uni-sb.de/bibliothek/nr45.pdf> (Stand 1996, letzter Abruf: 22.11.2010).

Stein, Volker (2010): Professionalisierung des Personalmanagements: Selbstverpflichtung als Weg. In: Zeitschrift für Management (ZfM) 2010, Band 5, Nr.3, S.201-205.

Stein, Volker (2009): Professionalisierung der Personalarbeit. In: Scholz, Christian (Hrsg., 2009): Vahlens Großes Personallexikon, München, S.951-955.

Stippler, Maria; Burger, Sabine (2007): Der Personalverantwortliche im Unternehmen, München. Online im Internet: AVL: URL: < http://www.wisonet.de/r_ebook/Kapitel_1/Einf%C3%BCrung.pdf?START=0A1&ANR=298&DBN =EBOK&ZNR=3&ZHW=-8&DRMART=2&FSIZE=7&WID=04232-0240140-03623_4> (Stand 2007, letzter Abruf 18.11.2010).

Storey, John (1995): Human resource management: still marching on, or marching out? In: Storey, John (Hrsg.; 1995): Human resource management – A critical text, London, S.3-32.

Wagner, Dieter (2003): Professionelles Personalmanagement. In: Wettbewerbsorientiertes Personalmanagement – Steuerung und Entwicklung von Kompetenzen und Fähigkeiten, 2.Auflage, Potsdam, S.7-44.

Wächter, Hartmut (1995): Was leistet die Professionalisierungsdebatte für die Entwicklung des Personalmanagements? In: Wächter, Hartmut; Metz, Thomas (Hrsg., 1995): Professionalisierte Personalarbeit – Perspektiven der Professionalisierung des Personalwesens, München, S.7-11.